BEI GRIN MACHT SICH IHR WISSEN BEZAHLT

- Wir veröffentlichen Ihre Hausarbeit, Bachelor- und Masterarbeit

- Ihr eigenes eBook und Buch - weltweit in allen wichtigen Shops

- Verdienen Sie an jedem Verkauf

Jetzt bei www.GRIN.com hochladen und kostenlos publizieren

Nicole König

"Jenseits von Stand und Klasse?". Thesen von Ulrich Beck zur Individualisierung der Gesellschaft

GRIN Verlag

Bibliografische Information der Deutschen Nationalbibliothek:

Die Deutsche Bibliothek verzeichnet diese Publikation in der Deutschen National-
bibliografie; detaillierte bibliografische Daten sind im Internet über http://dnb.d-
nb.de/ abrufbar.

Impressum:

Copyright © 2005 GRIN Verlag GmbH
Druck und Bindung: Books on Demand GmbH, Norderstedt Germany
ISBN: 978-3-638-93752-8

Dieses Buch bei GRIN:

http://www.grin.com/de/e-book/41410/jenseits-von-stand-und-klasse-thesen-von-
ulrich-beck-zur-individualisierung

Einleitung 3

Teil I 4

Die Ansätze von Karl Marx und Max Weber zum Wandel sozialer Ungleichheitsverhältnisse
und Tendenzen der Individualisierung. 4

Teil II 6

These 1 6

These 2 8

These 3 9

These 4 10

Reflexion über und Fragen an das Becksche Argumentationsmuster im Aufsatz: Jenseits von
Stand und Klasse? 13

Einleitung

Ulrich Beck beschreibt in seinem Aufsatz *„Jenseits von Klasse und Stand?"* den zunehmenden Individualisierungsprozess, der sich innerhalb unserer Gesellschaft seit den fünfziger Jahren ereignet. Laut Beck kommt es nämlich genau seit der Nachkriegszeit zu einem entscheidenden Kontinuitätsbruch sozialer Ungleichheitsverhältnisse. Die folgende Zusammenfassung dieses Aufsatzes gliedert sich in zwei Teile und in vier Thesen, welche Ulrich Beck 1984 verfasst hat.

Im Teil I dieses Aufsatzes beschreibt Beck anhand einer kurzen Auseinandersetzung mit den zwei Klassikern der Ungleichheitstheorie, Marx und Weber, die einsetzenden Individualisierungstendenzen zur damaligen Zeit.
Für Beck lassen sich die Ansätze von Marx und Weber nicht mehr in die Nachkriegszeit übertragen, da mit der Schaffung sozialstaatlicher Sicherungs- und Steuerungssysteme im Rahmen des Wohlfahrtstaates soziale Ansprüche ausgelöst wurden, die zu einem zunehmenden Verlust von Klassensolidaritäten geführt haben.

Teil II

Beck bezeichnet in seiner *ersten These* den Arbeitsmarkt als „Motor der Individualisierung". Er stützt diese These durch drei Elemente, die er auf den Arbeitsmarkt bezieht: *Bildung, Mobilität und Konkurrenz.*

Die *zweite These* schildert die Konsequenzen des unaufhaltsamen Individualisierungsschubes, der sich in der BRD seit den fünfziger Jahren ereignet hat. Dieser führt zu einer Auflösung von ständisch geprägten Klassenkulturen. Beck vertritt die These, dass wir heute bereits in Verhältnissen *jenseits* der Klassengesellschaft leben.

In der *dritten These* geht es um weiträumige Veränderungen, die durch immer neue Technologien und Innovationen entstehen. Diese Veränderungen nehmen auch einen entscheidenden Einfluss auf das Privatleben der Menschen. Auch hier stellt sich auf kultureller, politischer und sozialer Ebene ein Wandlungsprozess von noch ungeahnter Reichweite und Dynamik ein. Es kommt zu einer fließenden Grenze zwischen Öffentlichkeit und Privatismus.

Becks *letzte These* beschreibt den fortschreitenden Individualisierungsprozess als ein Übergangsstadium zu einer Art „Nachklassengesellschaft", die allerdings nicht verwechselt werden sollte mit der „klassenlosen" Gesellschaft wie Marx sie beschrieben hatte. In diesem Zusammenhang führt er diesbezüglich einige Grundzüge auf.

Im Abschluss an Teil I und II erfolgt eine Reflexion und einige Fragen bzgl. des Beckschen Argumentationsmusters in seinem Aufsatz.

Teil I

Die Ansätze von Karl Marx und Max Weber zum Wandel sozialer Ungleichheitsverhältnisse und Tendenzen der Individualisierung.

In diesem Abschnitt beschreibt Ulrich Beck, welche Ansichten die Klassiker der Ungleichheitstheorie, KARL MARX und MAX WEBER in Bezug auf die Individualisierungstendenzen vertreten haben und stellt anschließend seinen Standpunkt dazu vor.

Ulrich Beck beschreibt MARX als den wohl bedeutendsten Individualisierungstheoretiker, der allerdings seine Arbeiten, welche die gesellschaftliche Individualisierung betreffen, jedoch frühzeitig abgebrochen habe. Er habe an vielen Stellen seines Werkes wiederkehrend betont, dass durch die Ausbreitung des modernen Frühkapitalismus ein bisher unerkannter Prozess eingetreten sei, der die Menschen nicht nur innerhalb diverser Feudalbindungen, sondern auch im Kapitalismus ständig neuen Schüben der Freisetzung unterworfen habe. Es gab also bereits zu Zeiten von MARX Veränderungsprozesse innerhalb familialer, beruflicher und kultureller Bindungen. [1]

Der Grund, warum MARX dem Phänomen einer sich individualisierenden Gesellschaft nicht weiter nachgegangen ist, liegt darin, dass für ihn der Prozess von Vereinzelung und Freisetzung im kapitalistischen System immer schon aufgefangen wurde durch die „Kollektiverfahrung der Verelendung"[2], denn gerade durch die Verelendung, von der große Bevölkerungskreise betroffen waren, entstand die Klassenkampfdynamik. Alle, die von einer zunehmenden Armut betroffen waren, verbündeten sich zu einem Kampf gegen das

---

[1] Beck, U.: Jenseits von Stand und Klasse? In: Kreckel, R. (Hrsg.): Soziale Ungleichheiten, Soziale Welt. Sonderband. Göttingen. 1983. S.47
[2] Beck. S.47f.

wohlhabende Bürgertum. Einen wichtigen Punkt stellt hier die Tatsache dar, dass dieser Freisetzungsprozess nicht verbunden war mit einer Zersplitterung, sondern es kam zu einer Solidarisierung zwischen den einzelnen, denn die Erfahrung der Verelendung, bzw. die Verschlechterung der Lebenslagen der Arbeiter, führte zu einem Zusammenschluss und schließlich zum Klassenkampf. Daher stellte sich für MARX die Frage nach *Individualisierungsprozessen* nicht, da er sie immer mit Prozessen der „Klassenformierung"[3] in Verbindung brachte.

Zusätzlich zu MARX beschreibt Beck nun die Sichtweise MAX WEBERS, der viel ausdrücklicher die „Differenziertheit und Pluralität von Lebenslagen"[4] in der modernen Gesellschaft in den Vordergrund gestellt hat. WEBER bestreitet das Aufkommen latent vorhandener Individualisierungstendenzen, da diese gar nicht zu einem Durchbruch kommen könnten. Er begründete seine Annahme dadurch, dass solche Tendenzen von Individualisierung durch das Bestehen von Bedeutung und Kontinuität „ständischer Traditionen und Subkulturen"[5] aufgefangen würde. In diesem Sinne können Werte, Normen und Lebensweisen nicht als Produkt der Klassenbildung (so wie bei Marx) gesehen werden, sondern als eine Art Überbleibsel „*vor*industrieller, *vor*kapitalistischer, *vor*industrieller Traditionen"[6]. Es handelt sich also nicht um eine neue, eigenständige Schöpfung, sondern um eine „*spät*standische Kultur"[7], die innerhalb des Industriekapitalismus eine Erneuerung erfahren hat.
Beck merkt an, dass es für WEBER zwar auch Tendenzen und Bereiche gibt, die eine „Entzauberung"[8] traditionaler Lebensweisen durchlaufen, jedoch wird dort die soziale Dynamik von Individualisierungsprozessen durch die ständische Tradition aufgefangen.

Laut Beck belegen sozialhistorische Studien solch eine Entwicklung, wie sie WEBER beschrieben hat, jedoch gilt dieses nur bis zu den fünfziger Jahren. Für Beck schlagen die Individualisierungstendenzen zu Beginn der Nachkriegszeit einen bekanntlich anderen Weg ein. Ab den fünfziger Jahren beginnt für Beck ein Wandlungsprozess, der die „labile Einheit" einer durch den Stand geprägten Klasse zerbrechen lässt. An dieser Stelle möchte ich einige Faktoren aufführen, die Beck für diesen Prozess als äußerst entscheidend ansieht:

---

[3] Beck. S.48.
[4] Beck. S.48
[5] Beck. S.48
[6] Beck. S.49
[7] Beck. S.49
[8] Beck. S.49

o Die *Schaffung sozialstaatlicher Sicherungs- und Steuerungssysteme* hat im Rahmen des Wohlfahrtstaates eine Art Individualisierungsschub „sozialer Ansprüche" ausgelöst. Denn durch die Einführung des Arbeitsrechtes, das die individuellen Rechte des Arbeitnehmers regelt, fallen „Klassensolidaritäten" weg, da der einzelne sich nun auf die sozialstaatlichen Sicherungs- und Steuerungssysteme berufen kann.[9]

o Von der *Arbeitsmarktdynamik werden immer weitere Bevölkerungskreise erfasst,* d.h. die Gruppe der Lohnabhängigen wächst und die der Nichtlohnabhängigen wird immer kleiner. Beck bezieht die Sparte der Nichtlohnabhängigen auf die Selbständigen, deren Zahl von 1950 bis 1976 von 14,5% auf 9,1% gesunken ist, während im gleichen Zeitraum der Anteil der abhängigen Beschäftigten von 71,6% auf 86,3% gestiegen ist.[10]

Des weiteren nennt Beck noch drei andere Faktoren, die zu veränderten Lebensbedingungen geführt haben:

o „künstliche Binnendifferenzierung" in Gestalt von Bildungsabschlüssen und betrieblichen Hierarchien.
o „Konkurrenzbeziehungen" insbesondere am Arbeitsplatz.
o Alte Wohngebiete wurden durch *neue urbane Großstadtsiedlungen* ersetzt.[11]

Teil II

These 1

Beck bezeichnet den Arbeitsmarkt als Antrieb der Individualisierung. Er unterteilt zunächst einmal die Entwicklung des „bürgerlichen Individuums" im 18.Jahrhundert von der „Arbeitsmarkt-Individualisierung".[12] Die Abgrenzung liegt hier darin, dass die „frühbürgerliche Individualisierung" im wesentlich auf Kapitalbesitz und –vermehrung beruhte. In der Bundesrepublik Deutschland tritt das Lohnverhältnis für die Arbeit zu Tage, die staatlich reguliert wird.

---

[9] Vgl. Beck, S.39
[10] Vgl. Beck, S.39
[11] Vgl. Beck, S.39
[12] Beck, S.45

Er stützt seine These durch drei Elemente, die er auf den Arbeitsmarkt bezieht:

Bildung ,Mobilität und Konkurrenz:

- **_Bildung_**: Durch die Einführung von universalen Lehrinhalten, Sprachformen usw. werden traditionale Denkweisen und Lebensstile modifiziert. Das bedeutet, dass es bereits durch _Bildung_ zu einer Herauslösung aus gewohnten Lebensweisen kommt.[13]
- **_Mobilität (bezogen auf soziale und geographische Mobilität),_** ist entscheidend für die Bindung an die Familie bzw. an den Lebenspartner. Die Menschen werden durch häufige Standortwechsel, die beruflich bedingt sind, aus ihrem gewohnten Umfeld herausgerissen und erfahren so eine zunehmende Individualisierung. Es entstehen in der neuen Umgebung zwar auch wieder neue Beziehungen und Bekanntschaften, dennoch wird der einzelne aus dem gewohnten Umfeld herausgelöst und ist ganz auf sich allein gestellt. Mit der Öffnung der globalen Märkte, einem Wandel im Beschäftigungssystem, insbesondere dem Ausbau des Dienstleistungssektors in den 60er und 70er Jahren, hat sich die soziale Mobilität zunehmend verstärkt.[14] Der Arbeitsmarkt wird hier zum Motor, der die Individualisierung vorantreibt, insbesondere die der Lebensläufe. Denn hier kommt es zu einer Verselbständigung der Lebenswege des einzelnen gegenüber dem Umfeld wie Familie, Ehe, usw.[15]
- **_Konkurrenz_** wird zum Feind Nummer eins für ein Kollegen-Team. Die zunehmende Austauschbarkeit des einzelnen, durch angeglichene Standards auf dem Arbeitsmarkt, Abschlüssen der Universitäten u.a., trägt die Verantwortlichkeit für das Konkurrenzdenken unter Gleichgesinnten, denn hier wird nur der seinen Platz haben, der die beste Leistung erbringt. So versucht jeder einzelne sich und seine Leistung ständig erneut in Szene zu setzen, um sich von der Konkurrenz abzuheben.[16]

Diese drei Teilkomponenten sind immer in einem Zusammenhang zu betrachten, d.h. sie sind miteinander gekoppelt und nur gemeinsam lösen sie den „Individualisierungsschub", aus, der sich in den letzten 20 bis 30 Jahren in Gang gesetzt hat.

---

[13] Vgl. Beck. S.45
[14] Vgl. Beck. S.38
[15] Vgl. Beck. S.46
[16] Vgl. Beck. S.46f

These 2

Laut Beck kommt es im Zuge der Individualisierung zu einer Auflösung von ständisch geprägten Klassenkulturen. Diese werden von „innen her" aufgelöst, bis sie beginnen, Strukturen sozialer Ungleichheit auszubilden.[17]

Beck beschreibt diese neu entstehende Gesellschaftsformation als eine „privatisierte Lebenswelt". Er bezeichnet sie als eine Paradoxie, denn die sogenannte Privatsphäre, untersteht dem permanenten Druck und der Abhängigkeit von der wohlfahrtstaatlich organisierten Lohnarbeit. Beschreiben lässt sich diese privatisierte Lebenswelt, als eine sich „individualisierende soziale Lebenswelt", die sich ständig neu entwickelt und sich in immer neue Teilsysteme aufteilt, die dann nicht mehr als Ganzes agieren, sondern als vereinzelte Systeme.[18]

Erklärbar wird das zunehmende Herauslösen aus Klassenkategorien auch dadurch, dass es zu einer „eigentümlichen Pluralisierung" kommt.[19] Denn durch das Fehlen einer einzigen Richtungsweisung, d.h. einer Klasse oder Gruppierung, der alle angehören, kommt es zur Ausbildung von zahlreichen Gruppierungen, welche die wildesten Ideologien und Werte verbreiten. Es kommt auf diese Art und Weise zu „neu entdeckten Klassen". Für jeden ist eine Wunschrichtung dabei.[20] Die Zugehörigkeit zu einer dieser *neuen Klassen* ist sehr häufig von temporärem Charakter geprägt, denn es gibt mit Ausnahme der Umwelt,- und Frauenbewegung wenige dauerhafte Konfliktlinien.[21]

Im Zuge dieses Individualisierungsprozesses ändern sich die „Inhalte und Reichweiten des Gemeinsamkeitsbewusstseins" der Klassen. Beck weißt an dieser Stelle jedoch darauf hin, dass dies nicht den Verlust jeglichen Gemeinsamkeitsgefühls bedeuten muss, sondern „[...] Klassensolidarität auf Gemeindeebene wird im Zuge der Individualisierung ausgedünnt."[22] Dass bedeutet, dass sich die Art und Weise der Gemeinsamkeiten der Menschen nicht mehr in ihrem unmittelbaren Lebenszusammenhängen vollziehen, sondern auch überregional Bestand haben können (z.B. durch globale Netzwerke wie das

---

[17] Vgl. Beck. S.54
[18] Vgl. Beck. S.54
[19] Vgl. Beck. S.56
[20] Vgl. Beck. S.56
[21] Vgl. Beck. S.56f
[22] Vgl. Beck. S. 63

Internet). Hierzu betont Beck, dass dieser Form der Klassensolidaritätsentwicklung die traditionale „Stallwärme" und „Spontanität" fehle.[23]

Abgelöst wird sie durch die Schaffung überregionaler Interessenverbände, das klassische „Gespräch am Gartenzaun", welches in früheren Zeiten als „Bestätigung von Gemeinsamkeiten" diente, fällt langsam weg und wird durch anderes ersetzt.[24]

Beck stützt seine These des Auflösens ständisch geprägter Klassenkulturen zusätzlich dadurch, dass die sogenannte „Arbeiter"-Klasse, „Angestellten"-Klasse, usw. ihren Stellenwert verliere. Hiermit möchte Beck andeuten, dass die Arbeitslosigkeit jeden treffen kann, egal ob er Akademiker oder Hilfsarbeiter ist.[25] Hier gibt es dann nur noch eine Klasse: Die Klasse der Arbeitslosen.

These 3

Beck ist der Ansicht, dass es zu einer Zerfließung der Grenzen zwischen Privatismus und der Öffentlichkeit kommt.[26] Der Beginn dieses Prozesses liegt in den 50er und 60er Jahren, wo man durch Studien nachweisen konnte, dass die Grundeinstellung zur Arbeit erst in einem zusammenhängenden Kontext von Familie und Arbeitswelt zu verstehen war. Man fand hier also heraus, dass die Menschen einen Ausgleich in der Freizeitgestaltung suchten und nicht in der Lohnarbeit. [27]

Beck spricht von einer sich entwickelnden Eigendynamik, die durch den raschen Wandel von kulturellen, sozialen und politischen Entwicklungen zu einer Zerfließung dieser Grenzen führt. Das Privatleben wird also von Veränderungen durchlaufen, die sich auf kultureller, politischer und sozialer Ebene ergeben. Laut Beck wird der *Privatismus von innen her politisch aufgeladen.*[28]

Laut Beck bedeutet dies, dass dieser Prozess nicht direkt durch politische Reformversuche ausgelöst wird, sondern vielmehr ganz unbewusst „hintenherum" durch eine Art Selbstverständlichkeit und „durch die permanente Praxis des *Andersmachens im Kleinen*"[29] entsteht. Den Menschen wird auf eine provozierende Art und Weise eine Möglichkeit zum „Andersmachen" und zur Selbstgestaltung unterbreitet. Ähnlich wie die Gewerkschaften, die zur Arbeitsverweigerung aufgefordert haben, um ihre Ziele zu

---

[23] Vgl. Beck. S.63
[24] Vgl. Beck. S.63
[25] Vgl. Beck. S.64
[26] Vgl. Beck. S.66
[27] Vgl. Beck. S.65
[28] Vgl. Beck. S.66
[29] Beck. S.66

erreichen geschieht dieser Veränderungsprozess auch mit anderen Gruppierungen wie z.B. der Frauenbewegung. Mit dieser Bewegung änderte sich im Laufe der Zeit auch die Stellung der Frau innerhalb der Familie und Ehe. Durch öffentliche Provokation und Aufklärung seitens der Frauenbewegung, stellte sich auch immer mehr eine Individualisierung der Frau in den Vordergrund. Somit kam es zu einer Verschmelzung der Grenzen zwischen der Familie und der Öffentlichkeit. Denn auch Frauen erkannten ihre Selbstgestaltungsmöglichkeiten, die sie außerhalb und innerhalb der Familie nutzen konnten.

Es kommt also durch Provokationen, die von der Öffentlichkeit ausgehen, zunehmend zu einem Anpassungsdruck, der gewisse Veränderungen zur Folge hat, die sich somit zwangsläufig auf die Grenzzerfließung zwischen Privatleben und der Öffentlichkeit auswirken.[30]

These 4

Durch die immer neuen Individualisierungsschübe, die verstärkt durch immer neue Technologien und Innovationen ausgelöst werden, wird es nicht mehr möglich sein, die neuen, sozialen Lebenszusammenhänge mit traditionalen Klassenkulturen zu vergleichen. Mitverantwortlich für den immer weiter fortschreitenden Individualisierungsprozess werden besonders die „neuen Kommunikationsmedien" sein, denn es wird in jedem Fall zu einer großen Veränderung im Bezug auf soziale Kontakte kommen.[31] Nach Beck wird es entweder zu bleibenden oder noch verschärften Ungleichheiten in Bereichen wie Einkommen, Bildung und Macht kommen. Das Thema der sozialen Ungleichheit wird im Laufe der Zeit weitgehend verdrängt werden, weil die Menschen zunehmend mit sich selbst und ihrer eigenen Lebensgestaltung beschäftigt sind.

Beck beschreibt dieses Übergangsstadium als eine Art „Nachklassengesellschaft", die allerdings nicht verwechselt werden sollte mit der „klassenlosen" Gesellschaft wie MARX sie beschrieben hatte.[32] Er stellt diesen Prozess in einigen Grundzügen dar:

- Durch die Individualisierungsprozesse werden die somit die sozialen Gruppen ihrer Identität beraubt. Es verliert sich das Gemeinsamkeitsgefühl und damit auch die soziale Mobilität, die es möglich machte, dass sich Individuen zwischen ihrem eigenen Erlebten und einer ständisch geprägten sozialen Klasse wiederfanden, d.h. sich mit ihr

---

[30] Vgl. Beck. S.66f.
[31] Vgl. Beck. S.67f
[32] Vgl. Beck. S.68

identifizieren konnten.[33] Diese sogenannte „soziale Mobilität" wird „inhaltsleer"[34], da es durch den Verlust einer klaren kollektiven Lebensführung keinen wirklichen Anfang und kein wirkliches Ende gibt, an dem sich die Individuen orientieren könnten.[35]

- Eine Auflösung der ständisch geprägten Klassen, bewirkt keineswegs den Wegfall sozialer Ungleichheiten, sondern diese werden lediglich umdefiniert und auf den einzelnen oder die „neuen Klassen" übertragen. Lebensweltliche Formen wie Familie, Nachbarschaft und Arbeitsgruppen verflüchtigen sich und müssen durch „rechtliche Absicherungen oder individuelle Anstrengungen kompensiert werden".[36] Es kommt langsam aber sicher zu einem Funktionsverlust von Familie, Beruf und Bildung. Beck bezeichnet diese sozialen Gebilde als „klassische Schutzvorrichtungen". Der Wegfall dieser Gebilde hat demnach eine verstärkte, individuelle Leistungsorientierung zur Folge. Der einzelne ist nun den „historischen Zufallsvariablen"[37] wie Wirtschaftskrisen, Arbeitsmarkteinbrüchen, Zugangsvoraussetzungen für Bildung hilflos ausgeliefert.

- Es entstehen immer mehr Konfliktlinien, die anhand zugewiesener Merkmale wie Hautfarbe, Rasse, Geschlecht, Homosexualität usw. ausgemacht werden. Solchen Gruppierungen, Beck bezeichnet sie als „zugewiesene Ungleichheiten"[38], werden besondere Aktivierungs- und Politisierungschancen zugeteilt, weil sich Individuen, die sich durch Ausgrenzung von der übrigen Gesellschaft mit einer solchen Minderheit identifizieren können und so mit Gleichgesinnten neue Bewegungen schaffen.

- Im Anschluss an die aufgeführten Grundzüge bemerkt Beck, dass dies nur „mögliche Entwicklungstendenzen"[39] sind, die von ihm „zugespitzt" dargestellt werden, aber auf keinen Fall auszuschließen seien. Sie müssen auch nicht in vereinzelter Form, sondern können ebenso in einer Kombination auftreten.

---

[33] Vgl. Beck. S. 68
[34] Beck. S. 69
[35] Vgl. Beck. S.69
[36] Beck. S. 69
[37] Beck. S.69
[38] Beck. S. 69
[39] Beck. S.69

Im Anschluss an diesen Aufsatz wirft Beck die Frage auf, ob es den Individuen, die sich *jenseits von Stand und Klasse* befinden gelingen werde, sich zu selbstbewussten Menschen zu entwickeln, die in der Lage sind, ihre persönlichen, sozialen und politischen Angelegenheiten selbst zu regeln? Oder, ob es zu einer völligen Wegschmelzung sozialen und politischen Handels komme und die *individualisierte Gesellschaft* in „Krise und Krankheit" versinken werde?[40]

---

[40] Beck. S. 70

Reflexion über und Fragen an das Becksche Argumentationsmuster im Aufsatz: Jenseits von Stand und Klasse?

In einer der Beckschen Hypothesen liegt die primäre Ursache für den unaufhaltsamen Individualisierungsschub in der Schaffung sozialstaatlicher Sicherungs- und Steuerungssysteme, die im Rahmen des Wohlfahrtstaates ab der Nachkriegszeit entwickelt wurden. Laut Beck kommt es unter anderem durch sie zu einem Verlust von Bindungen an die soziale Klasse und andere traditionale Prozesse, die vor dem Krieg das Dasein der Menschen bestimmt haben. Er bezeichnet diesen Prozess als eine Existenzform, die als Produkt dieser neuen „gesellschaftlichen Verhältnisse" hervortritt. Durch diese Entwicklung kommt es zu „kollektiv individualisierten Existenzen".[41] Entwickelt sich ein Bewusstseinsprozess darüber, dass sich bei der scheinbaren Eigenverwirklichung, nun gesellschaftliche Schranken für die Individuen aufbauen, entäußern sich neue „Individualisierungsbewegungen", die Alternativen zu historischen Klassengemeinschaften darstellen.[42]

Das Becksche Argumentationsmuster im Bezug auf den Wohlfahrtstaat lässt sich wie ein roter Faden durch die Geschichte der BRD ziehen. Die Strukturen sozialer Ungleichheit in der Gesellschaft der 50er Jahre waren allerdings wesentlich geringer als heute, denn nie war eine Gesellschaft so homogen wie nach dem Krieg, bis zum Abschluss der Zeit, in der Westdeutschland rund dreizehn Millionen Flüchtlinge ins zerstörte Land holte. Damals war die Gesellschaft geeint, erstens durch Solidaritätsleistung und zweitens durch den Aufbauwillen. Die damals eingeführte Sozialpolitik wurde nicht begrenzt und darin lag vermutlich der Fehler, sie diente zur Volksversorgung, denn mit zunehmendem Wohlstand, der die Menschen nach Erhards Gedanke eigentlich zu mehr Eigenverantwortung erziehen sollte, wurde der Ruf nach staatlicher Leistung immer lauter. Der Staat hat demnach letztendlich die Individuen zu dem gemacht, was sie heute darstellen: eine individualisierte „Gesellschaft der Unselbständigen".[43] Erkennbar ist dieses Phänomen auch in der heutigen Gesellschaft, denn jahrelang hat der Staat das Geld „herausgeschleudert", in Form von Leistungen, die dem Volke zu Gute kamen. Es gab Missbrauch, tausende haben sich ausgeruht auf Sozialhilfezuschüssen, Arbeitslosengeld, Bafög etc. Arbeiter gingen auf die Straßen und kämpften für die 35-Stunden Woche und das Geld was ihnen fehlte, holten sie

---

[41] Vgl. Beck, U.: Jenseits von Stand und Klasse? In: Kreckel, R. (Hrsg.): Soziale Ungleichheiten, Soziale Welt. Sonderband. Göttingen. 1983. S.42.
[42] Vgl. Beck. Ebenda. S.42.
[43] Beck. S.67.

sich vom Staat. Die durch den Arbeitsmarkt geschaffenen Erscheinungen der Mobilität, Bildung und Konkurrenz sind im 21.Jahrhundert so aktuell wie noch nie zuvor. Denn in Zeiten hoher Arbeitslosigkeit und den damit gekoppelten Mangel an Arbeitsplätzen ist Mobilität und ein hohes Maß an Bildung gefordert. Das Konkurrenzdenken ist eine negative Begleiterscheinung, die sich automatisch im Kampf um Stellenabbau entwickelt, denn jeder möchte seine Leistung hervorheben, um sich für den Job als unentbehrlich darzustellen. Beck erkannte bereits in den 80er Jahren den Trend zur „Psychowelle".[44] Dieses Phänomen lässt sich sehr gut auf die heutige Zeit übertragen, denn noch nie war der Trend zur Suche nach dem *eigenen Ich* so groß wie heute. Menschen richten z.B. ihre privaten Räume mit Hilfe von *Feng Shui*[45] ein, um sich so durch veränderte Energieströme eine positivere Umgebung zu schaffen, um wenigstens in ihren eigenen vier Wänden Entspannung zu finden. Menschen flüchten in Sekten oder andere (religiöse) Vereinigungen um sich selbst „wieder zu finden", und um die gesellschaftlichen Probleme, die unmittelbar zu ihren eigenen geworden sind und die begleitet werden von Schuldgefühlen, Ängsten und Neurosen, dort gemeinsam mit anderen zu verarbeiten.

Die Gesellschaft im 21. Jahrhundert ist geprägt durch Säkularisierung, Pluralisierung und Isolation. Das ist eine Begleiterscheinung der Individualisierungsdynamik, wie sie Beck mit all ihren Ursachen beschreibt. Nur mit dem Unterschied, dass sich die Strukturen sozialer Ungleichheiten innerhalb unserer Gesellschaft verstärkt haben. Die Lücke zwischen Arm und Reich wird im Laufe der nächsten Jahre vermutlich immer weiter auseinanderklaffen.

Beck beschreibt diese Strukturen in der Hauptsache für die BRD, jedoch stellt sich für mich die Frage, wenn er unter anderem den Wohlfahrtstaat und den Arbeitsmarkt für diese Entwicklung verantwortlich macht, wie lässt sich diese Theorie auf andere Länder übertragen, wie z.B. auf die USA? Denn dort gibt es, soweit ich informiert bin, noch viel größere Strukturen sozialer Ungleichheiten als in der BRD.

Des weiteren möchte ich die Frage stellen, ob denn nicht „generell" die Veränderung des Welt- und Menschenbildes, die sich aus den wachsenden wissenschaftlichen Erkenntnissen ergeben hat, wesentlich am Zerbrechen alter moralischer Gewissheiten beteiligt ist? Also vielmehr Verantwortung für einen solchen „Individualisierungsschub" trägt, als wohlfahrtstaatliche Systeme und Arbeitsmärkte?

Und, ob es auch ohne diese sozialen Sicherungs- und Steuersysteme, die ja für die BRD in dieser Form einzigartig sind, zu einer gesellschaftlichen Herauslösung aus alten Traditionen

---

[44] Vgl. Beck, U.: Jenseits von Stand und Klasse. In: Merkur. Heft 5. 1984. S. 496.
[45] Feng Shui: Einrichtungskunst nach Fernöstlichen Grundsätzen.

gekommen wäre, wenn man sich das Tempo der geschichtlichen Entwicklungen, in der wir stehen, vor Augen hält. Denn ist da nicht eine Weltgesellschaft entstanden, in der einzelne, politische, wirtschaftliche und kulturelle Mächte immer mehr gegenseitig aufeinander verweisen und sich darüber hinaus auch gegenseitig in verschiedenen Lebensräumen gegenseitig berühren und durchdringen? Und kommt es, wie oben angeführt, durch die wachsenden Möglichkeiten des Menschen, die Nutzung von Macht und des Zerstörens durch wissenschaftliche Entwicklungen nicht zu einem „generellen" Verlust von alten Kulturgütern und ethischen Grundlagen?

Zum Abschluss an diese kurze Reflexion und Fragen bezüglich der Beckschen These(n), kann man die Problematik, die Beck bereits 1984 erkannt hat, durchaus auf das 21.Jahrhundert übertragen. Und auch zur heutigen Zeit kann man kein Ende dieses Individualisierungsprozesses absehen. Dennoch stehe ich dem Begriff der Individualisierung, so wie ihn Beck benutzt kritisch gegenüber, denn im ursprünglichen historischen Sinne bezeichnet er ja bekanntlich etwas anderes und daher hätte er, für diesen beschriebenen Prozess des „Herauslösens, Endtraditionalisierens des Individuums" einen „passenderen" Begriff einführen können, einem Neologismus hätte hier jedenfalls nichts im Wege gestanden.